Karibu

Erarbeitet von:
Maike Götting, Esther Mager, Kerstin von Werder

Illustriert von Svenja Doering und Falko Honnen

westermann

Phonologische Bewusstheit

Visuelle Wahrnehmung

Graphomotorik

Logisches Denken

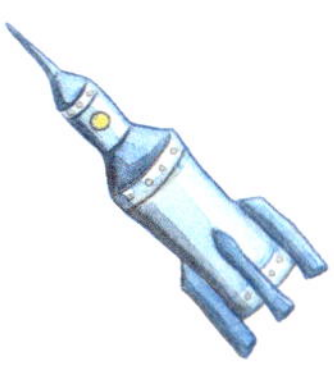

Anlautbilder benennen und mit den Anlautbildern im Schreib-Ufo verbinden.

Wellen-, Zickzacklinien und Schleifen mit Buntstiften mehrmals in der Schreibrichtung nachziehen.

Gesichter vervollständigen (z. B. Haare, Augen, Nase, Mund, Brille, ...).

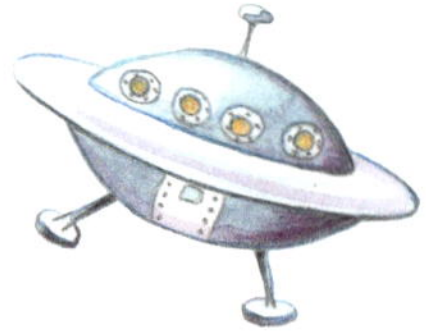

Anlautbilder benennen und mit den Anlautbildern im Schreib-Ufo verbinden; in leere Felder eigene Anlautbilder zeichnen und verbinden.

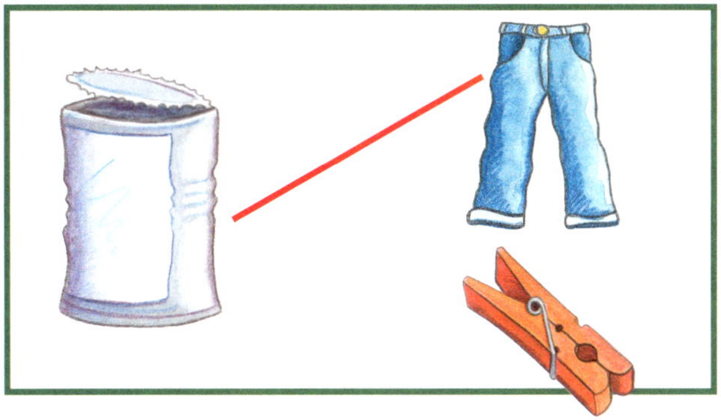

Bilder benennen, Reimpaare finden und benennen.

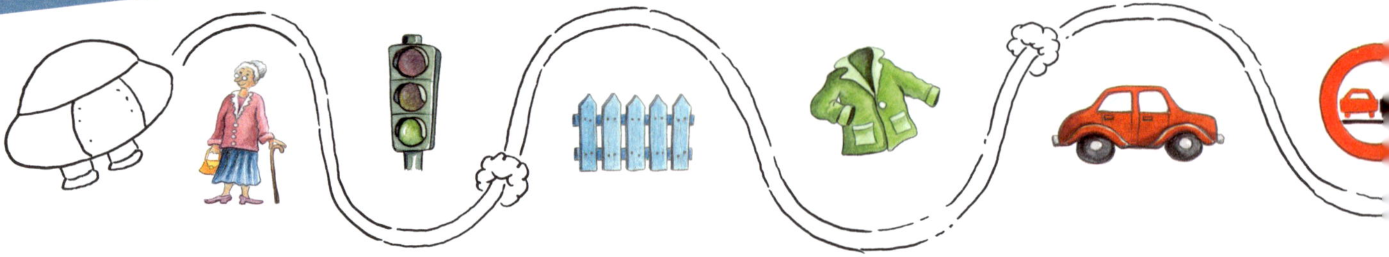

Anlautbilder benennen, im Suchbild wiederfinden und anmalen; Erzählanlass.

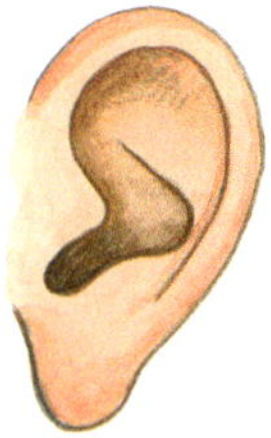

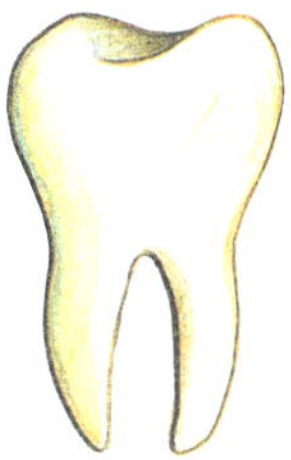

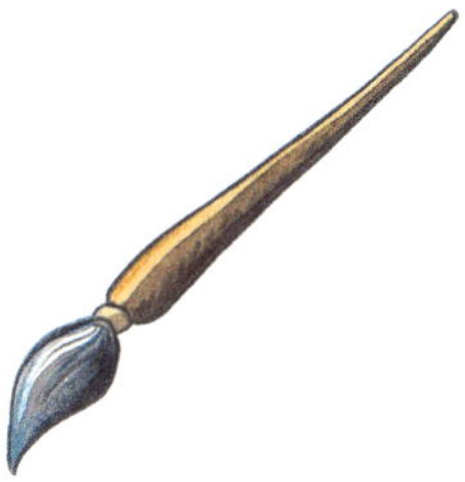

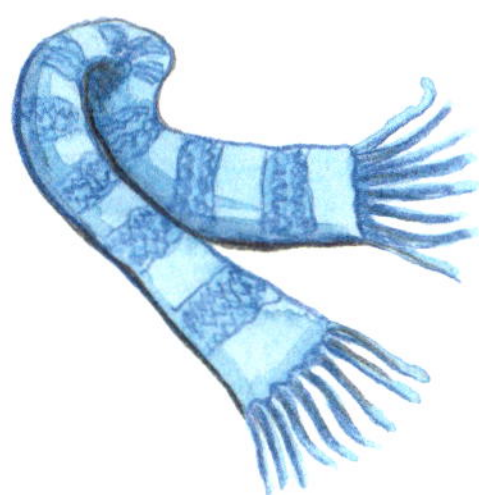

Bildkarten ausschneiden und benennen; Reime finden; Paarspiel spielen.

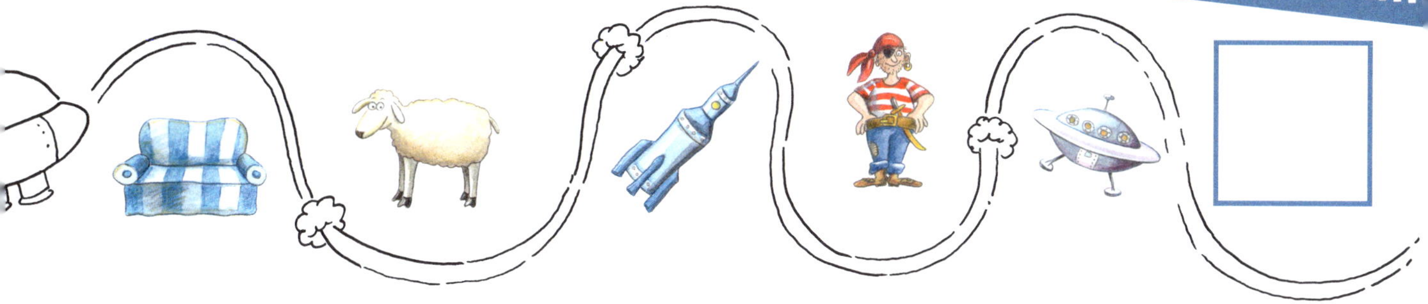

Anlautbilder benennen, im Suchbild wiederfinden und anmalen; Erzählanlass.

Wege durch das Labyrinth mit verschiedenen Buntstiften verfolgen.

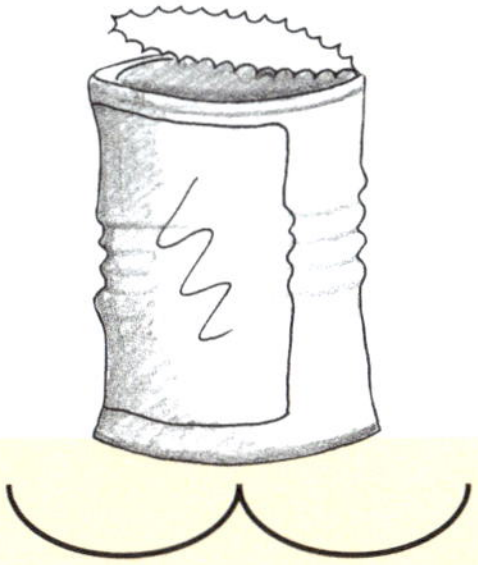

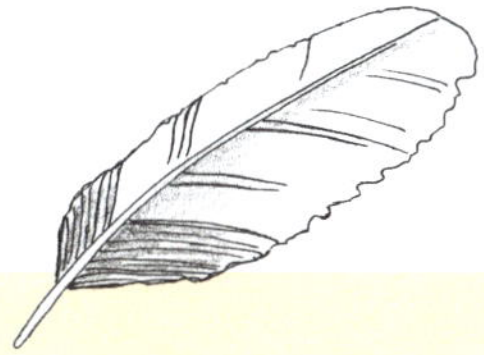

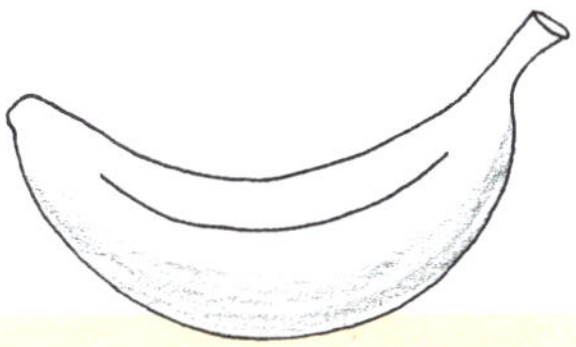

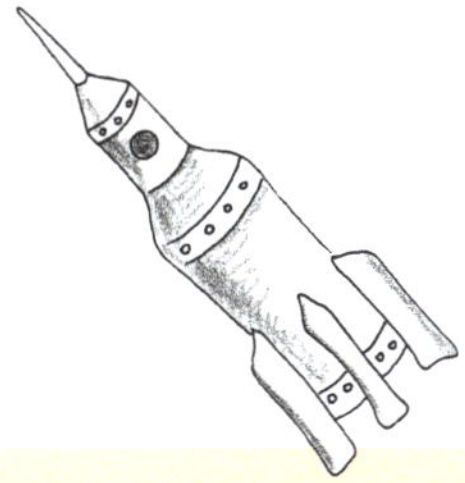

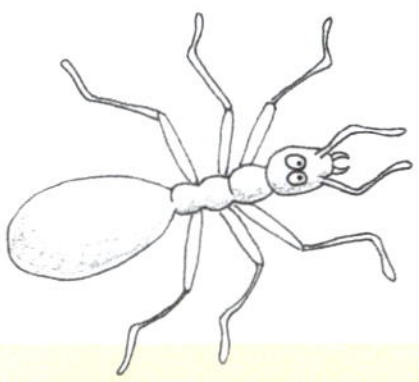

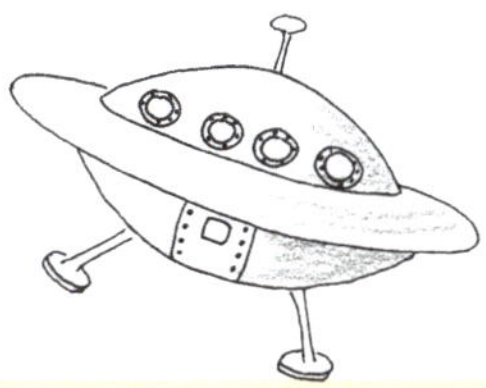

Bilder benennen; Silben schwingen und Silbenbögen setzen.

Acht Unterschiede im Bild finden und einkreisen.

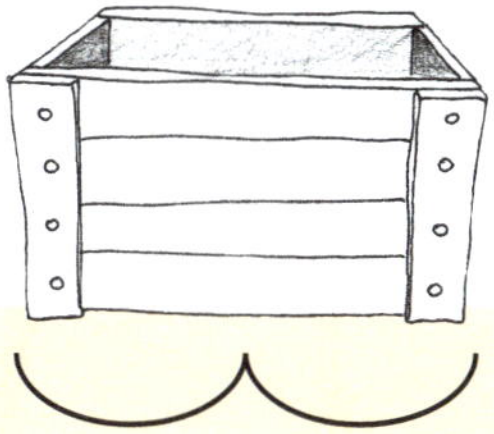
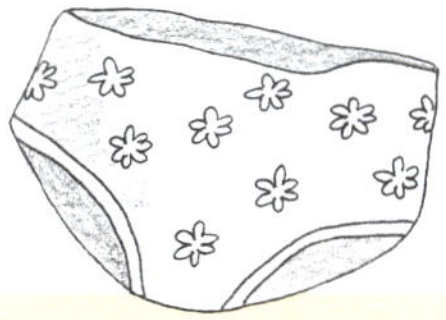
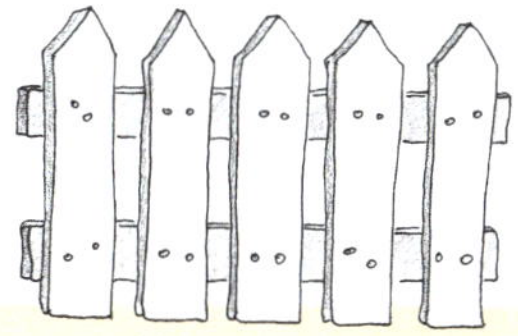

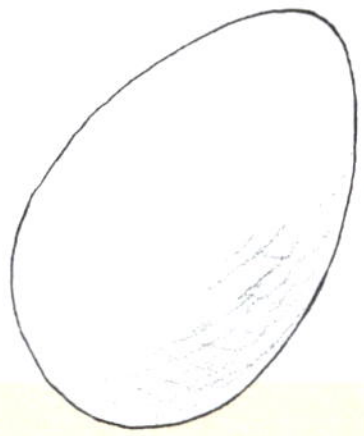

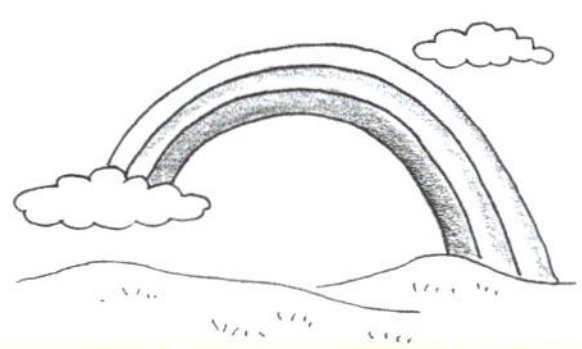

Silben schwingen und Silbenbögen setzen.

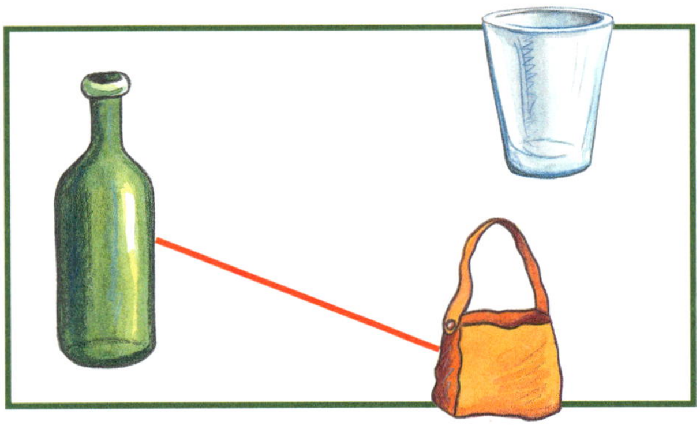

Bilder benennen, Reimpaare finden und verbinden.

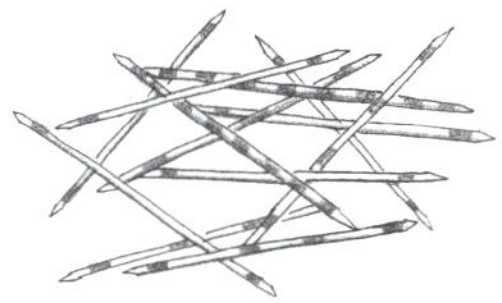
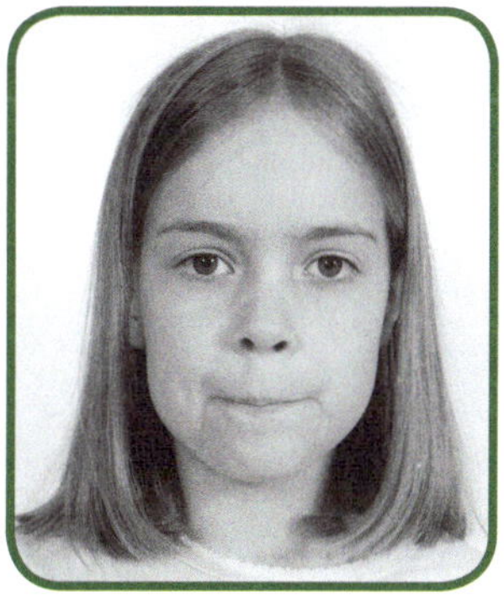

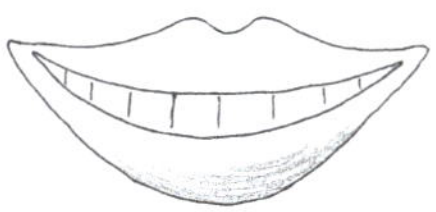

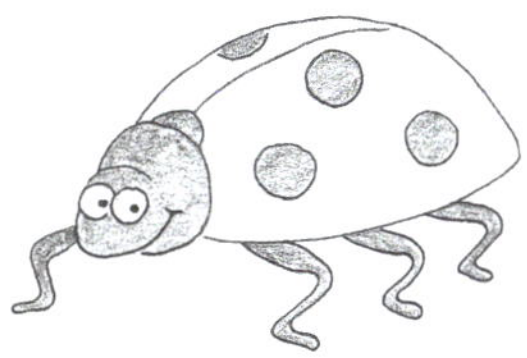

Mundbild M lesen und sprechen; Bilder benennen und überprüfen, welche mit dem vorgegebenen Anlaut beginnen und diese verbinden/anmalen.

Vorgegebenes Bild in der Reihe wiederfinden und einkreisen.

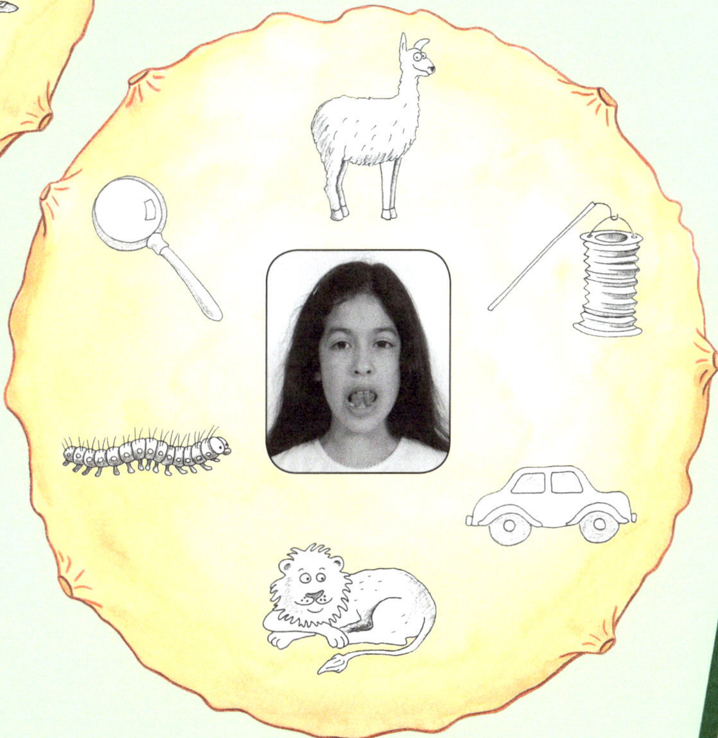

Mundbilder lesen und sprechen; Bilder benennen und überprüfen, welche mit dem vorgegebenen Anlaut beginnen und diese ausmalen/verbinden.

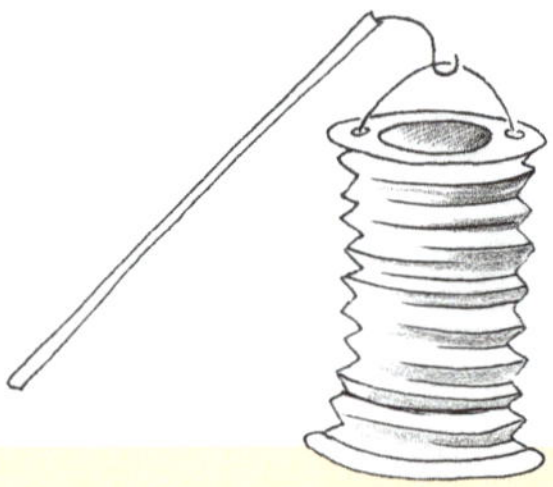

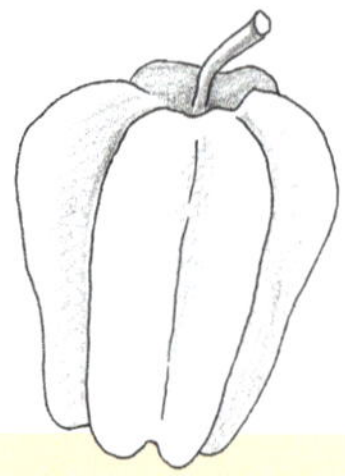

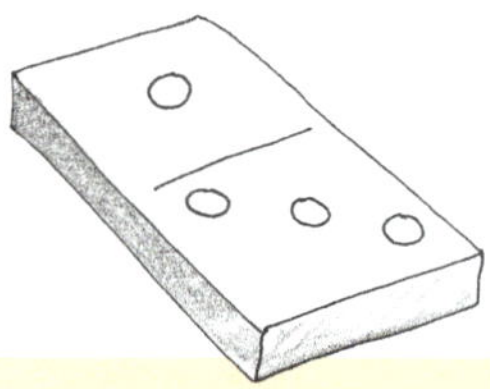

Silben schwingen und Silbenbögen setzen.

Bilder benennen, Reimwörter finden und ausmalen/verbinden.

Mundbilder lesen und sprechen; Bilder benennen und überprüfen, welche den vorgegebenen Laut beinhalten und diese anmalen/verbinden.

Anlautbild benennen und die drei entsprechenden Mundbilder zuordnen und verbinden.

Bildkarten abtrennen; Bilder benennen, Silben schwingen und in das entsprechende Feld einkleben.

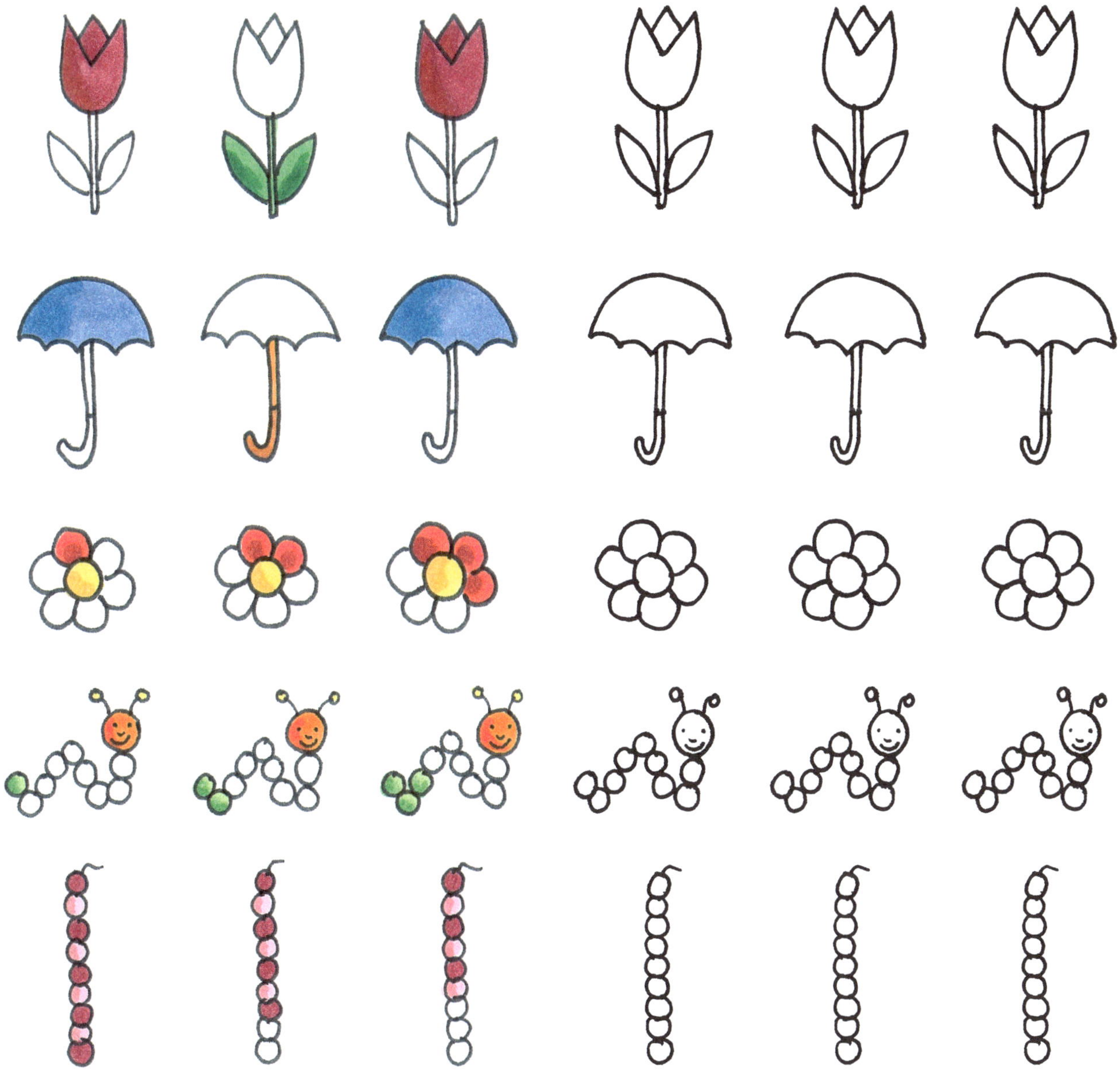

Vorgegebene Reihen richtig fortsetzen.

Bilder benennen, Reimpaare finden und verbinden.

Mundbilder lesen und sprechen; Bilder benennen und überprüfen, welche mit dem vorgegebenen Anlaut beginnen und diese verbinden.

Acht Fehler im Bild finden und einkreisen; Gesprächsanlass.

Mundbilder lesen und sprechen; Bilder benennen und überprüfen, welche mit dem vorgegebenen Anlaut beginnen und diese verbinden.

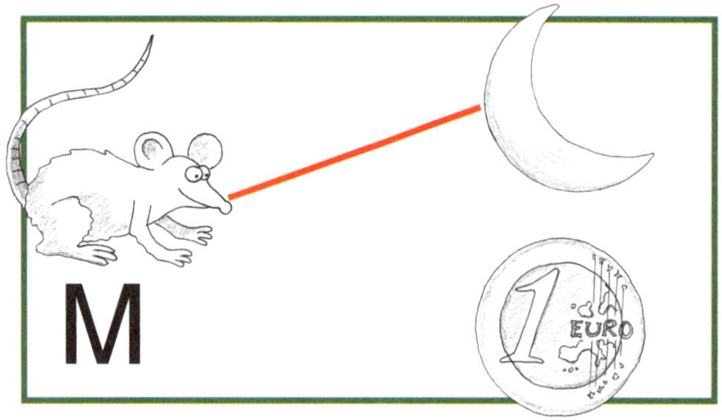

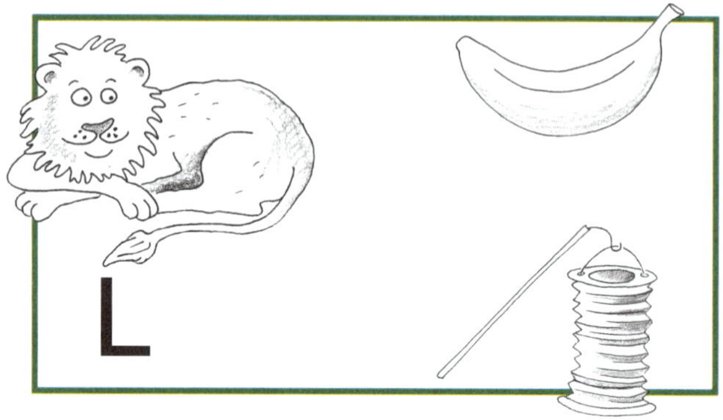

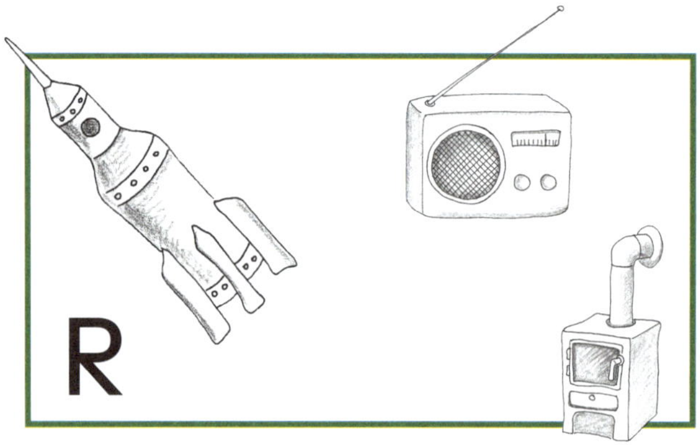

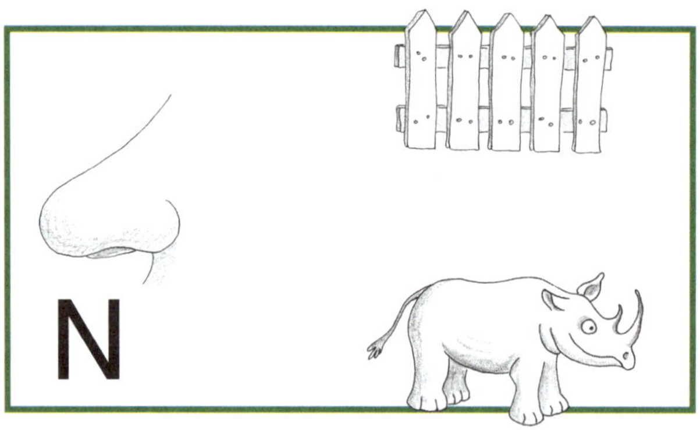

Bilder benennen und überprüfen, welches mit dem vorgegebenen Anlautbild beginnt; gleiche Anlaute verbinden.

Einzelbilder von Seite 61 ausschneiden und in logischer Reihenfolge aufkleben.

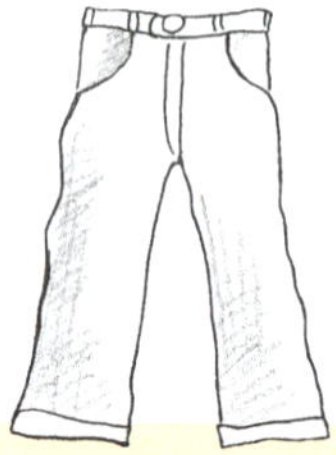

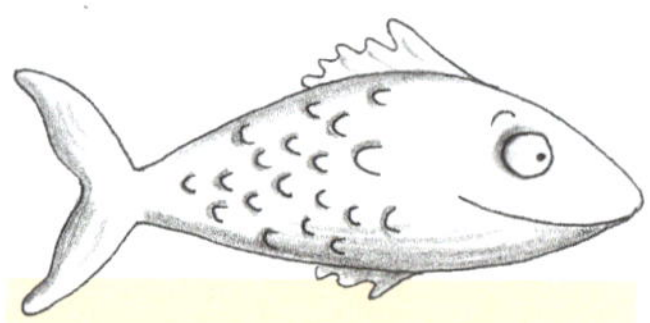

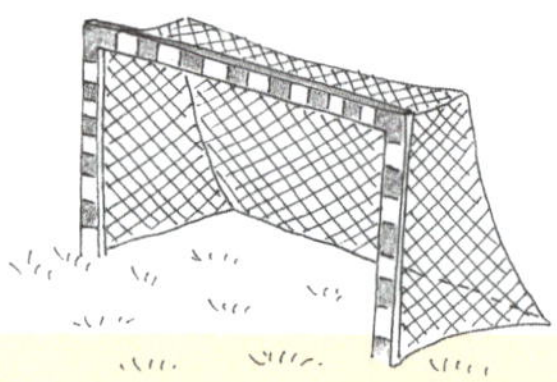

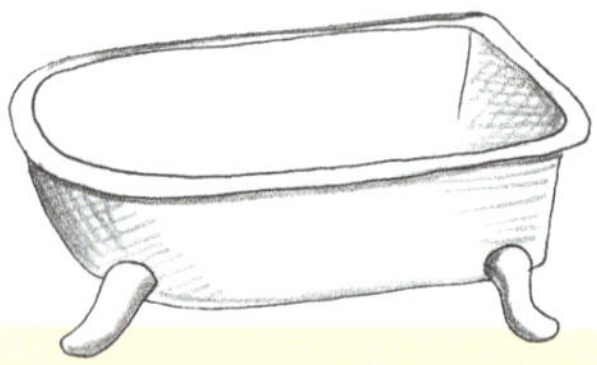

Silben schwingen und Silbenbögen setzen.

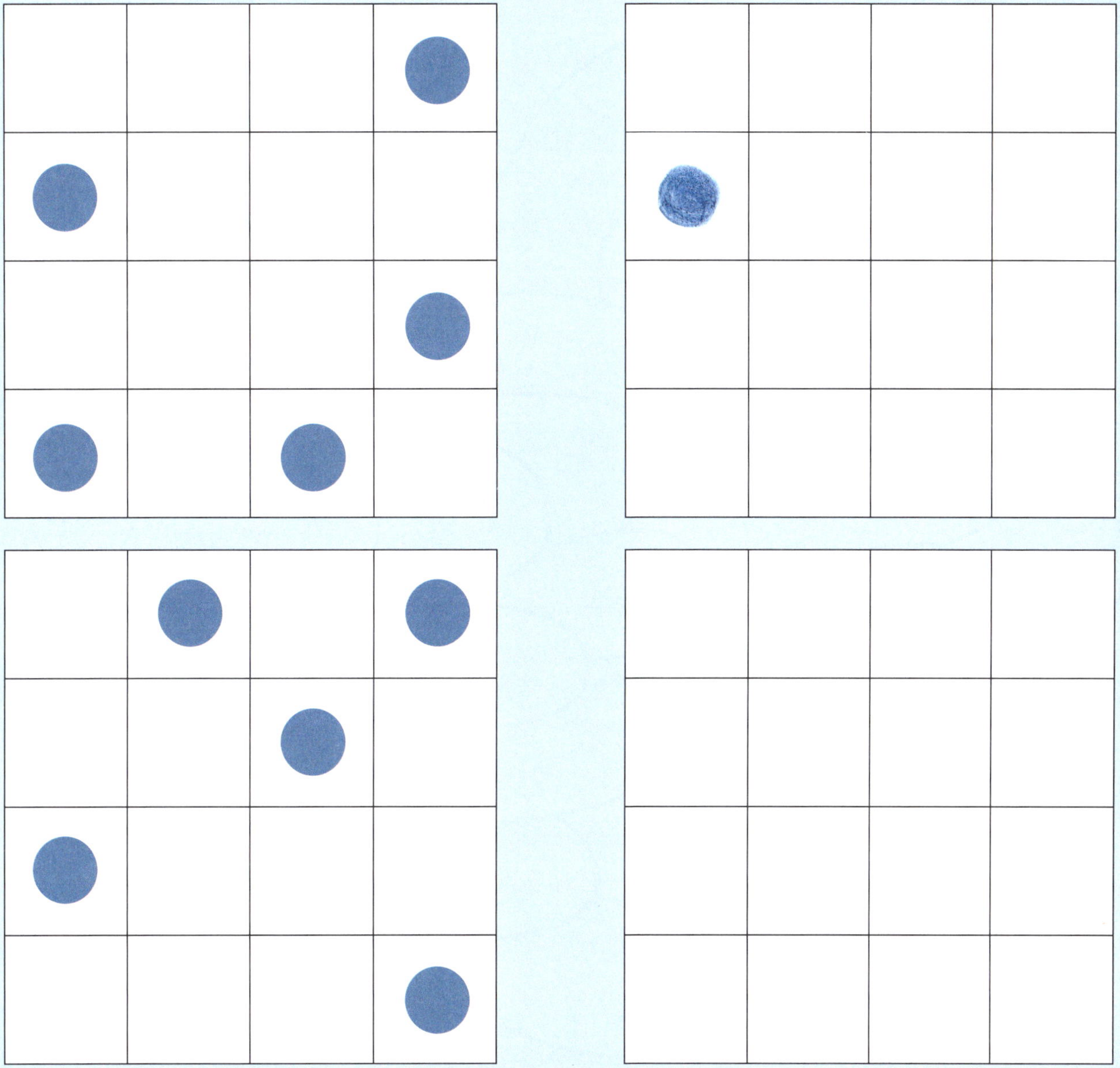

Vorgegebenes Rastermuster in das leere Raster einzeichnen.

F

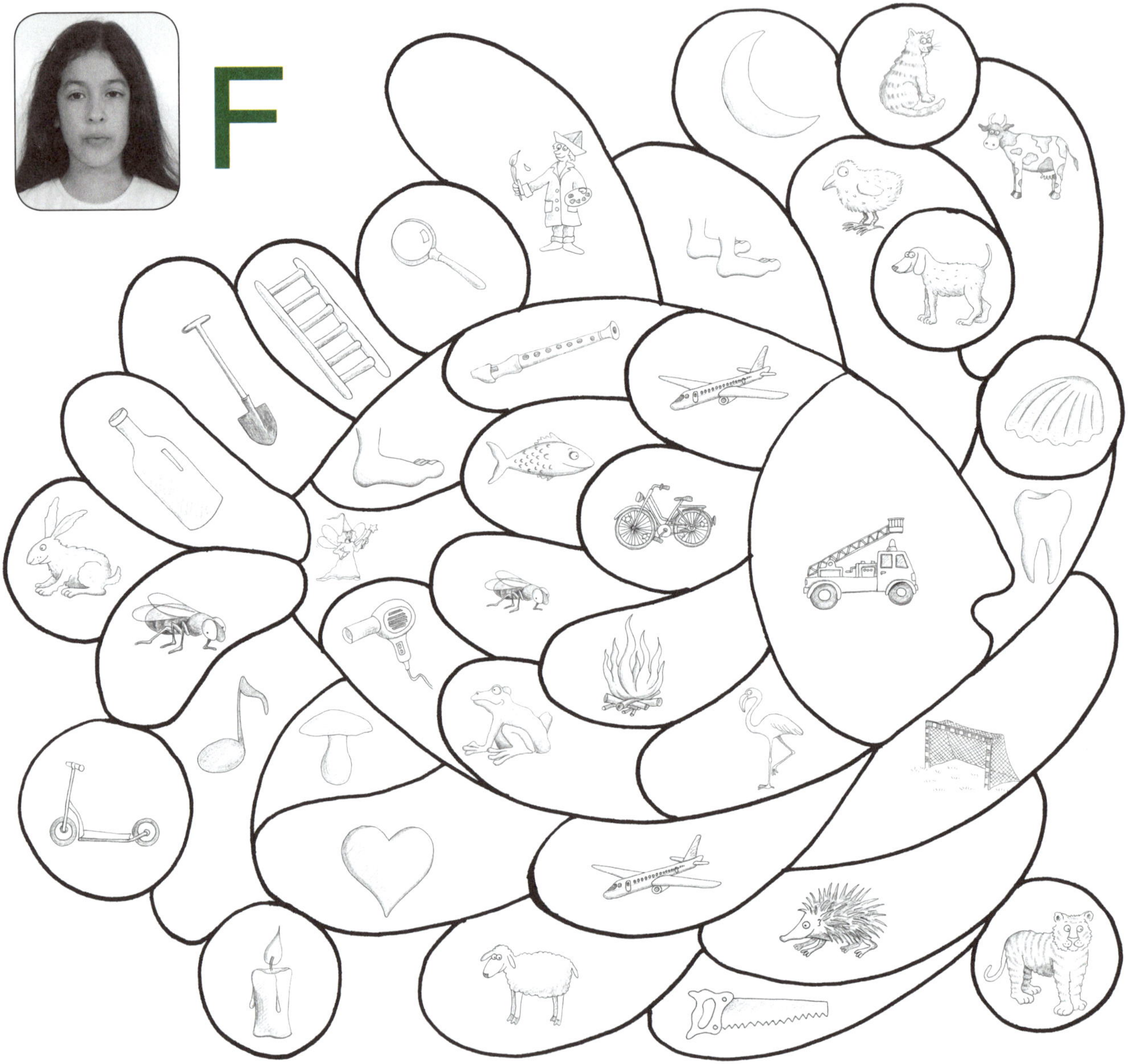

Bilder benennen; Felder rot ausmalen, die ein Wort mit dem Anlaut „F“ beinhalten.

Vorgegebenes Bild in der Reihe wiederfinden und einkreisen.

M

Bilder benennen; Felder blau ausmalen, die ein Wort mit dem Anlaut „M“ beinhalten.

T	T	T	L	E	E	E	K
O	T	M	W	E	R	M	R
R	T	J	Z	E	E	E	N
N	T	Z	M	E	A	L	V
S	R	K	P	E	E	E	X
W	U	W	B	O	P	S	I
P	Z	H	N	H	U	R	I
N	K	H	H	H	V	K	I
V	S	H	L	H	M	W	I

Alle Felder mit den farbig markierten Buchstaben ausmalen.

S

Bilder benennen; Felder grün ausmalen, die ein Wort mit dem Anlaut „S“ beinhalten.

Bildkarten abtrennen; Bilder benennen, Silben schwingen und in das entsprechende Feld einkleben.

S

M

L

S	S	C	S	S	S
F	S	O	S	D	P
L	S	S	S	E	U
M	M	T	M	M	M
G	M	V	M	H	W
O	M	M	M	X	I
L	L	L	R	W	P
E	P	L	M	L	L
O	B	L	L	L	A

S

Alle Felder mit den farbig markierten Buchstaben ausmalen.

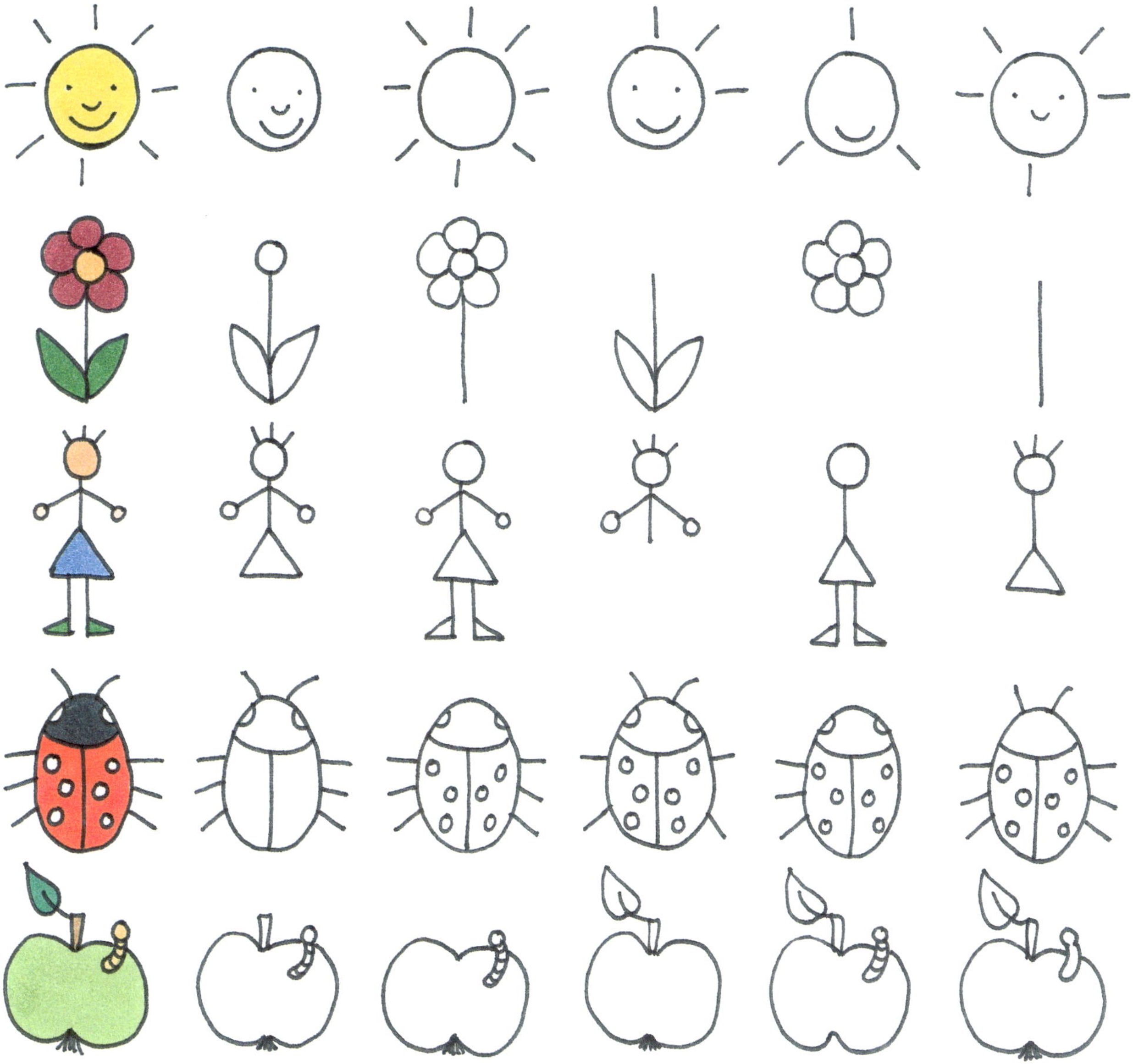

Fehlende Merkmale nach dem vorgegebenen Beispiel ergänzen.

Bilder benennen; Anlautpaare finden und verbinden.

Fehlende Striche der Buchstaben ergänzen.

Bilder benennen; das Bild in der Reihe durchstreichen, das mit einem anderen Anlaut beginnt.

M

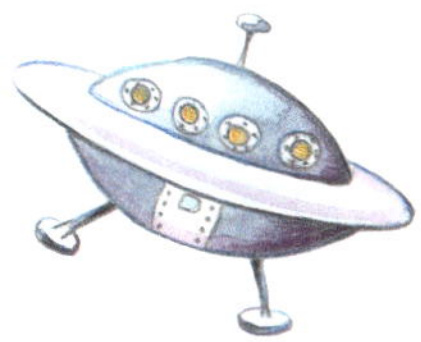

Anlautbilder benennen; entsprechende Buchstaben im Schreib-Ufo finden und schreiben.

L

B

H

G

Ei

W

F

Sch

I

Buchstaben benennen; entsprechende Bilder im Schreib-Ufo finden und malen.

Bildkarten abtrennen; Bilder benennen, Silben schwingen und in die entsprechende Tasche einkleben.

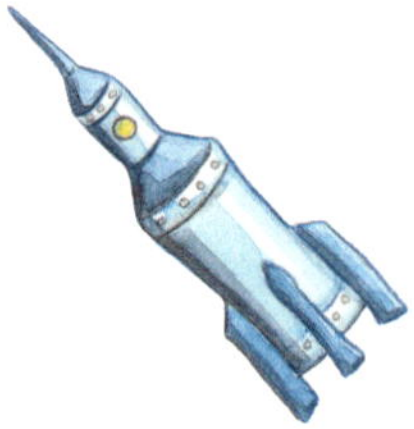

R AKETE

___ OFA

___ AFEL

___ OSE

___ AUN

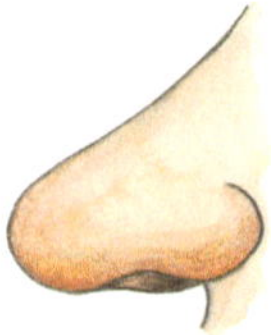

___ ASE

Fehlenden Anlaut aufschreiben; ggf. vorgegebene Anlautbilder im Schreib-Ufo finden.

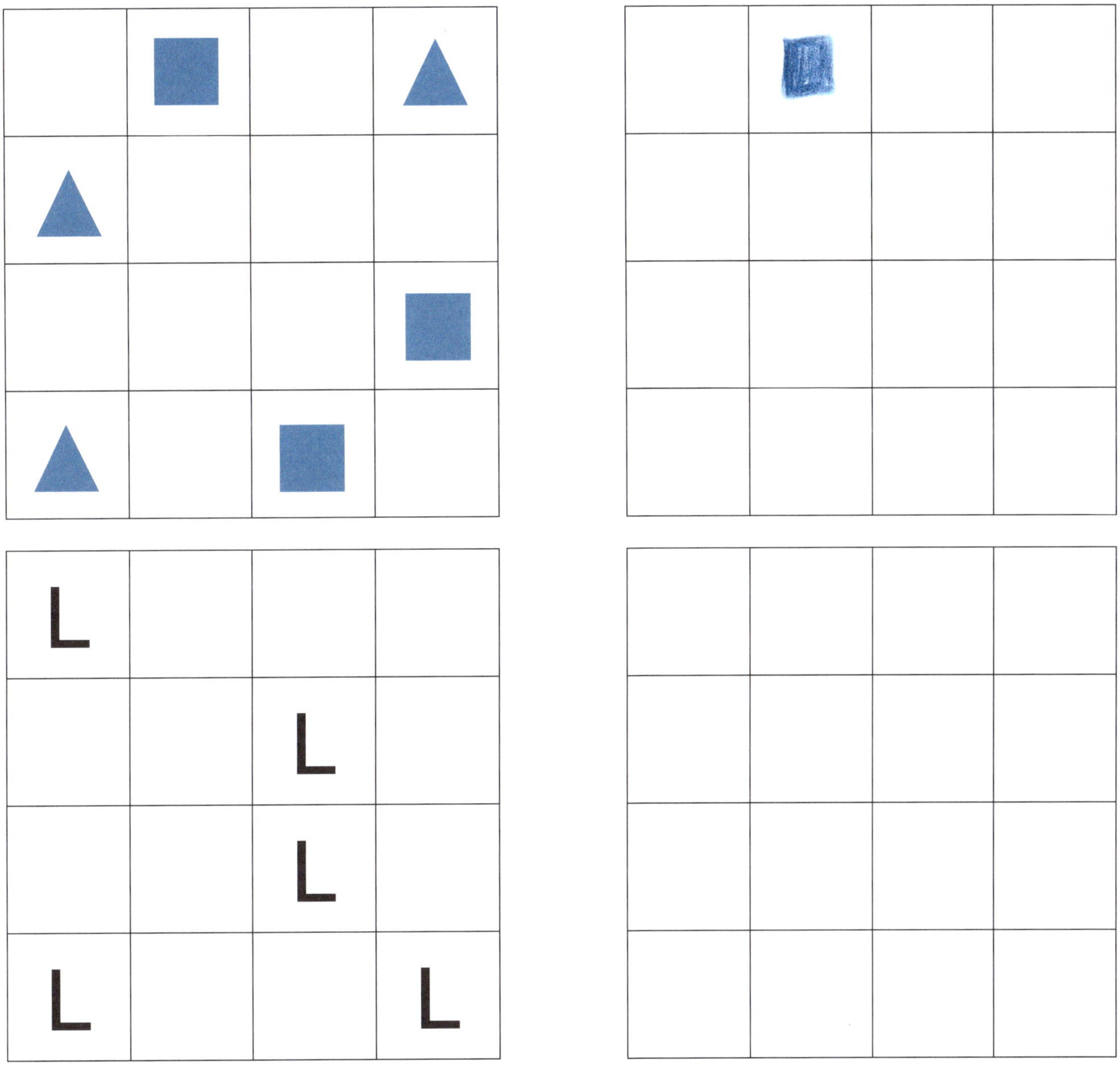

Vorgegebene Formen an den entsprechenden Stellen in das leere Raster übertragen.

Acht Unterschiede im Bild finden und einkreisen; Erzählanlass.

M

F

L

R

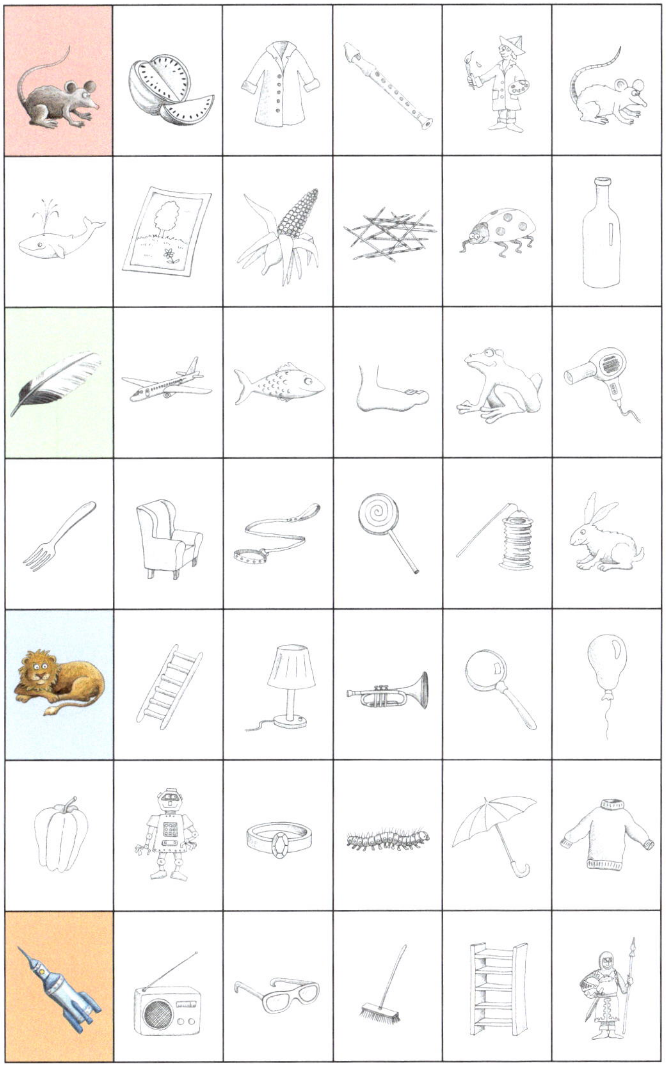

Anlautbilder sprechen; Weg durch das Labyrinth finden;
Anlautbuchstaben in das Kästchen übertragen.

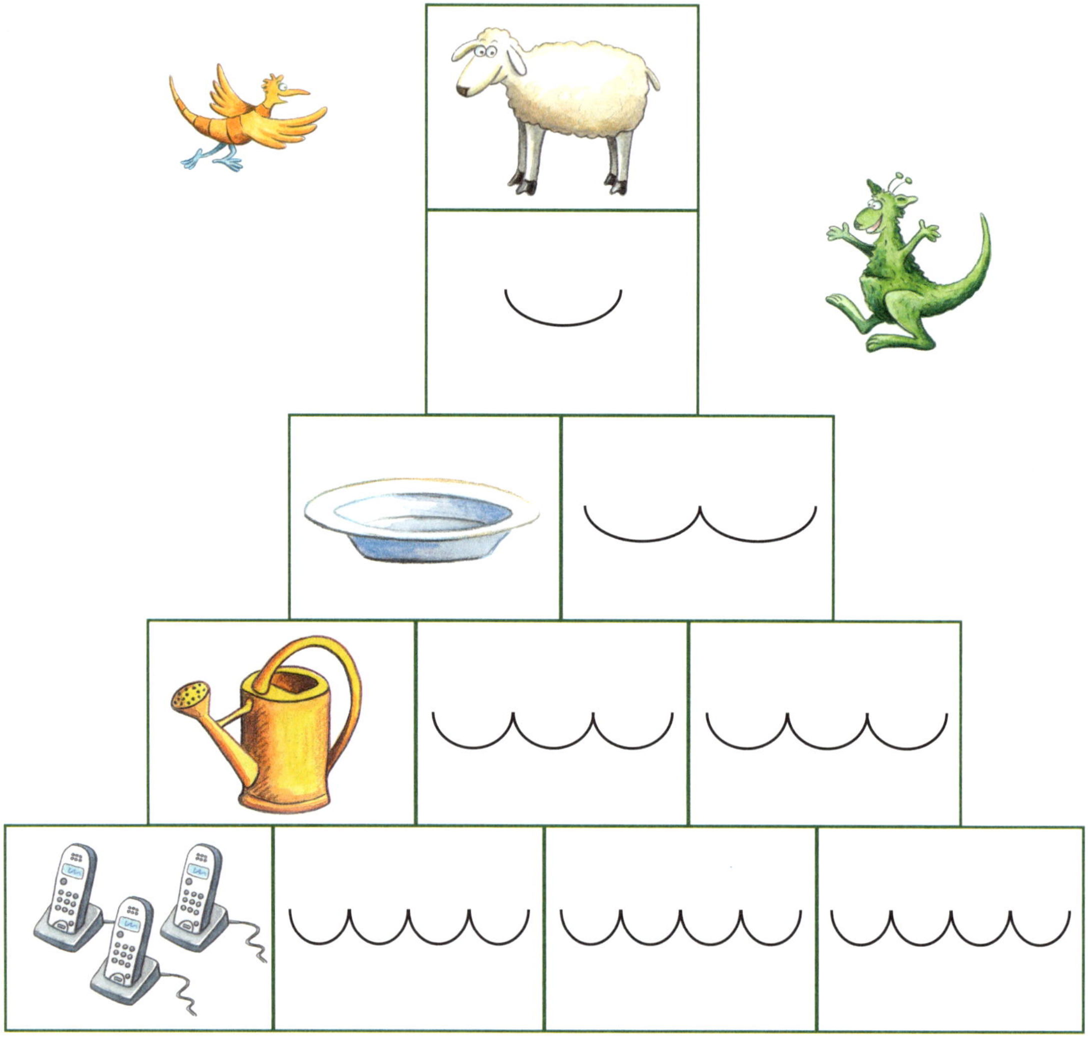

Bildkarten abtrennen; Bilder benennen, Silben schwingen und in das entsprechende Feld einkleben.

Anlautbilder benennen und mit dem entsprechenden Mundbild verbinden; fehlende Buchstaben ergänzen.

Mundbilder deuten, sprechen und mit den entsprechenden Anlautbildern verbinden; fehlende Buchstaben ergänzen.

Einzelbilder von Seite 63 ausschneiden und in logischer Reihenfolge aufkleben.

Mundbilder deuten, sprechen und lesen; passendes Wort und Bild verbinden.

M		U	
	O		L
F		A	
	E		I

Bild- und Buchstabenkarten ausschneiden und benennen; Paare finden; Paarspiel spielen.

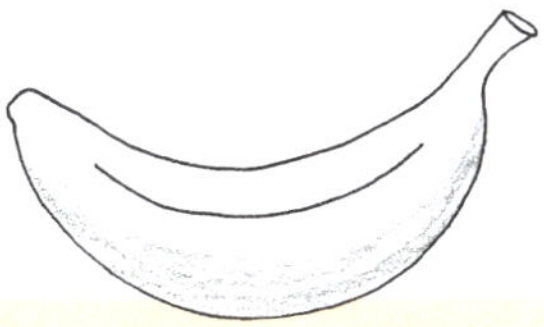

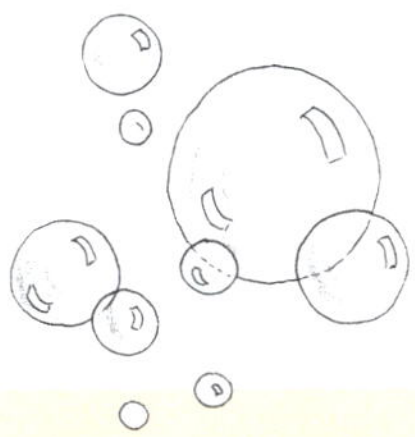
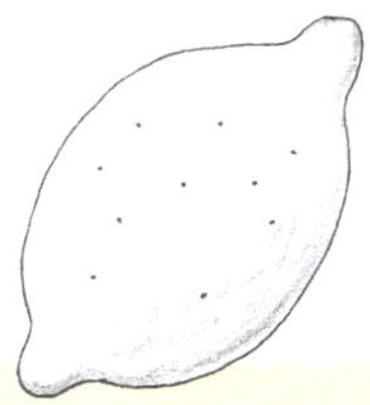

Silben schwingen und Silbenbögen setzen.

Mundbilder deuten, sprechen unnd lesen; passendes Wort und Bild verbinden.

Einzelbilder ausschneiden und in logischer Reihenfolge auf Seite 31 aufkleben.

Einzelbilder ausschneiden und in logischer Reihenfolge auf Seite 55 aufkleben.